¡Ssssssshhhhhhhhhhh!

Haz del teatro algo íntimo

Llévalo siempre en el bolsillo

Cubierta y diseño editorial: Éride, Diseño Gráfico
Dirección editorial: ángel jiménez

Primera edición: octubre, 2024

arroz pasao
© Javier Llanos
© VdB, 2024
Espronceda, 5
28003 Madrid

VdB®

ISBN: 978-84-19850-82-9
Depósito Legal: M-22488-2024
Diseño y preimpresión: Éride, Diseño Gráfico

Este libro protege el entorno

arroz pasao

Javier Llanos

Es cómico y divulgador de artes escénicas. Integrante de la compañía TAPTC? Teatro desde su creación en 1986. Ha desarrollado multitud de tareas vinculadas con las artes escénicas: actor, director, autor, productor, figurinista o diseñador de espacios físicos y sonoros. Así mismo, participa activamente en la investigación y la divulgación de las artes escénicas, concretamente del Festival Internacional de Teatro Clásico de Mérida, con la dirección del proyecto «Agusto en Mérida» y coordinador en la colección «VdB Teatro de Mérida», de textos estrenados en el Festival de Mérida. Fue director del programa radiofónico de artes escénicas *La gatera*, en Canal Extremadura Radio.

Una de las tareas que más satisfacciones le produce es la de formar, sea como profesor en la Escuela de TeatroTaptc?, o como creador con el S.E.T.(Servicio de Emergencias Teatrales). Fue director de la Escuela Municipal de Teatro de Mérida mientras existió y actualmente dirige la Escuela de Teatro Taptc? y otras aulas.

Como autor tiene creaciones propias, adaptaciones y espectáculos compilatorios, en una clara reivindicación del humorismo comprometido.

Javier Llanos

arroz pasao

Esta obra se estrenó en el Centro Cultural Nueva Ciudad de Mérida
(Badajoz) el 20 de octubre de 2024 interpretada por
Ana Trinidad (Ella), Juan Carlos Tirado (Él) y Raquel Bazo (Irene).

Dirección: Javier Llanos.

Personajes

Él
Ella
Irene

2  1

Espacio acotado, iluminación blanca cenital. Dos personajes, ELLA y ÉL, ÉL y ELLA, vestidos con tejido aséptico, del mismo color que las paredes. ÉL se levanta del catre que hay pegado a la pared izquierda. Suena de fondo un tema musical que tararea. ELLA resopla. Al momento, ÉL pulsa el sistema digital que controla la música y cancela la reproducción. ELLA suspira aliviada por el silencio, y sigue, sentada en su catre, leyendo una novela.

ÉL   ¿Qué hora es?

ELLA   …

ÉL   Perdona, ¿qué hora puede ser?

ELLA   La que quieras. Solo debes mover las manecillas del reloj.

ÉL   Rectifico: ¿qué hora crees que puede ser?

ELLA   Tengo algo de hambre y ese leve aturdimiento que me acompaña a media mañana.

ÉL   Las doce.

ELLA   Más cerca de la una.

ÉL   La hora de la siesta del burro.

ELLA   O de la burra, que también tienen derecho a descansar.

ÉL   ....

ELLA   ...

ÉL   En breve traerán la comida.

ELLA   *(Mientras lee.)* Arroz.

ÉL   ¿Paella?

ELLA   Todos los jueves nos han servido arroz en diferentes preparaciones: el primer jueves, que fue nuestro segundo día aquí, arroz caldoso con pollo; el siguiente, arroz con patatas y bacalao...

ÉL   Pese a no ser cuaresma...

ELLA   ¿Eres católico?

ÉL   Para variar de menú en el calendario, sí.

ELLA   El jueves pasado, risotto de setas.

ÉL   Boletus... seguramente congelados; no es temporada.

ELLA   Para el caso: risotto con setas. Así que hoy, jueves, toca arroz con cosas.

ÉL   No sé ni el día que vivo, gracias por la precisión.

ELLA   No hay de qué...

ÉL   ...

ELLA   ...

ÉL   Y el arroz siempre en su punto, todo hay que decirlo.

ELLA   A mí el arroz con leche me gusta más meloso.

ÉL   A la asturiana... Pero eso fue... ¿tres, cuatro días?

ELLA   El sábado, que es cuando toca postre elaborado, los demás días, fruta mondada y pelada.

ÉL   No vaya a ser que nos cortemos.

ELLA   ...

ÉL   Las natillas del primer sábado parecían caseras, ¿recuerdas?.

ELLA   ¡Para postres estaba yo!

ÉL   Lo único que podemos hacer es disfrutar del reposo y la comida.

ELLA   …

ÉL   O la conversación…

ELLA   Sí, porque de la música…

ÉL   ¿No te gusta la música?

ELLA   No me gusta tu música.

ÉL   No es mía, solo la selecciono y la escucho.

ELLA   Pues no me gusta tu selección musical.

ÉL   ¿Ninguna?

ELLA   Tampoco es eso.

ÉL   Podías haberlo dicho.

ELLA   …

ÉL   Eres poco habladora.

ELLA   Como tú hasta hace un momento… Si no te importa, me gustaría seguir leyendo.

ÉL   No parecías disfrutar mucho de la lectura.

ELLA   Este tramo se me está haciendo especialmente denso. No me gusta nada lo que me cuenta.

ÉL   ¿Y por qué sigues?

ELLA   Por lo menos, que, cuando salga de aquí pueda decir que entre mis lecturas está el «A sangre fría», de Capote.

ÉL   ¡Qué pereza!

ELLA   Es un clásico contemporáneo.

ÉL   Dicen.

ELLA   ¿Quién?

ÉL   Eso digo yo…

ELLA   …

ÉL   Me quedo con la película.

ELLA   No compares. (*Mirando en el interior de un arcón.*) También tienes las tragedias completas de Sófocles… y una edición reciente de «El gato negro», de Poe.

ÉL   Prefiero lecturas más … recientes.

ELLA   No compares (*Mirando en las estanterías.*) ¿Jack London…, Pardo Bazán?

ÉL   Me refiero a prensa deportiva…

ELLA   *(Concentrada en los libros.)* Patricia Highsmith, Dominique Sylvain… ¡Susana Martín Gijón!

ÉL   ¿La conoces?

ELLA   No me había fijado que estaba. Me agrada que incluyan autoras jóvenes en esta pequeña pero bien elegida colección de libros.

ÉL   La mía es entonces una biblioteca muy mala.

ELLA   ¿No tienes a estas autoras?

ÉL   Ni a ellas ni a ellos. No soy de tener criaderos de ácaros en casa.

ELLA   No es simplemente papel, Capote es cultura.

ÉL   Como los toros y no se me ocurre tener un miura en la entrada de casa.

ELLA   No compares… *(Para ella.)* También me ha parecido ver algo de Mihura… «Mis memorias».

ÉL   ¿Ya las tienes publicadas?

ELLA   No las mías, las suyas: las memorias de Mihura.

ÉL   Yo hablaba de la ganadería.

ELLA   Yo del humorista.

ÉL   Es lo que tiene la «h».

ELLA   ¿Qué tiene la «h».?

ÉL   Es muda.

ELLA   En muchas ocasiones es mejor estar con la boca cerrada.

ÉL   ¿Lo dices por mí?

ELLA   …

ÉL   ¿No te gustan los toros?

ELLA   La ternera si acaso, y en filetes.

ÉL   Eso me pasa a mí con las novelas, las prefiero pequeñas y a poder ser... dosificadas.

ELLA   No sabes lo que te pierdes.

ÉL   Soy más de ver luego la serie.

ELLA   Aquí no tenemos plataformas…

ÉL   Solo zapato bajo, cierto.

ELLA   (*Molesta.*) Ni televisión… o lees alguno de los libros que nos han seleccionado o juegas a las damas conmigo.

ÉL   ¿Jugarías conmigo?

ELLA   ¿Por qué no? Después, cuando acabe, echamos unas partidas.

ÉL   Pero mejor jugamos al gato y al ratón... Las damas me parecen la hermana pobre del ajedrez.

ELLA   Es otro juego.

ÉL   En el mismo tablero.

ELLA   ... ¿También piensas lo mismo del fútbol femenino?

ÉL   ¿Eh? No te entiendo

ELLA   ¿No has escuchado a algún periodista deportivo decir que es otro deporte?

ÉL   ...

ELLA   Pues eso dicen, pese a tener las mismas reglas y jugarse en el mismo campo.

ÉL   No sigo mucho la liga femenina.

ELLA   Claro, da para menos conversaciones de bar.
ÉL   Cuando iba de bares era más de partida de cuatrola.

ELLA   Aquí no tienes hombres con quien jugar.

ÉL   Ni cartas.

ELLA   Será por su perfil cortante.

ÉL   ¿Tú crees?

ELLA   *(Señalando arriba, susurrando.)* No quiere que nos escribamos el final.

ÉL   …

ELLA   …

ÉL   Por eso no nos ponen cubiertos de metal, ni vajilla de cristal o porcelana.

ELLA   Ni tenemos naipes o juegos que lleven a la apuesta.

ÉL   Eso no, por que si quisiéramos apostar, podríamos echarnos unos «chinos».

ELLA   Ha evitado claramente los juegos de mesa vinculados con las apuestas. No querrá que nos enfrentemos …

ÉL   O que nos marquemos un *strip póker*.

(ELLA *lo mira por primera vez a los ojos.*)

ÉL   …

ELLA   Ni en sueños.

ÉL   Desnudarse no equivale a tener sexo.

ELLA   Mejor no tentar a la bestia.

ÉL   ¿Lo dices por ti?

ELLA   Lo digo por ti.

ÉL   ¿En tan alta consideración te tienes?

ELLA   Hace tiempo que entré en el grupo de las invisibles, pero, aún así, no me arriesgaría a despertar tu lívido.

ÉL   No siempre hace falta desnudarse para activar el deseo.

ELLA   Más razón a mi favor.

ÉL   ¿Crees que no me controlaría?

ELLA   …

ÉL   Tienes muy mal concepto de mí, sin motivos.

ELLA   Hasta hoy, que te has animado a hablar, nuestra relación ha sido perfecta. Continuemos así.

ÉL   …

ELLA   …

ÉL   ¿Sin hablar?

ELLA   Hablando, pero sin propuestas, ni menciones a temas que puedan ser espinosos.

ÉL   Era una broma. ¿Crees acaso que tengo ánimo para pensar en algo más allá de la próxima comida?

ELLA   No nos conocemos. ¿Quién me asegura que en vez de víctima no seas el verdugo?

ÉL   …

ELLA   …

ÉL   ¿Eso piensas?

ELLA   No descarto nada. Hace veinticuatro días desperté en esta habitación con un señor al que no conozco y que no tiene nada que que ver conmigo.

ÉL   …

ELLA   ¿Y esa cara?

ÉL   ¿Cómo que no tengo qué ver contigo? Somos de la misma ciudad, de la misma edad… seguro que tenemos amigos comunes, conocidos.

ELLA   ¿Me conoces?

ÉL   Eh…

ELLA   Me conoces.

ÉL   Sé quién eres y a qué te dedicas.

ELLA   Es lo que tiene ser periodista.

ÉL   …

ELLA   (*Cierra el libro y lo guarda.*) ¿A qué te dedicas tú?

ÉL   Sobrevivo.

ELLA   Profesionalmente.

ÉL   Soy asesor.

ELLA   *¿Coach?*

ÉL   No, trabajo en una asesoría fiscal llevando la contabilidad de pequeñas empresas.

ELLA   Formas parte del engranaje defraudatorio.

ÉL   Y tú del entramado difamatorio.

ELLA   (*Risas.*) «¡Touché!» ¿Algún vínculo sindical, político?

ÉL   Social-conversador-progresista.

ELLA   ¿Cómo puede ser eso?

ÉL	La conversación me ha ayudado a progresar socialmente. (*Risas.*) Es una estupidez que digo para justificar que tengo amigos a ambos lados.
ELLA	Una pena que haya que justificarlo.
ÉL	¿Y tú?
ELLA	¿Amigos? Pocos. Mas bien, muchos conocidos.
ÉL	Me refería a tu ideología política.
ELLA	Progresista desengañada.
ÉL	Todos son iguales, ¿no?
ELLA	No. Iguales no son, solo estoy desengañada de los «míos».
ÉL	¿Y de las «tuyas»?
ELLA	…
ÉL	¿Callas por ausente?
ELLA	De muchas de las «mías»… también. Las modificaciones legislativas relevantes tienen que ser consensuadas antes de aprobarlas, pero muchas han preferido apuntarse al carro de la promesa electoralista para conseguir cargo saltándose los logros de nuestras referentes.

ÉL   A tu modo, también eres conservadora.

ELLA   Ante todo, feminista.

ÉL   Feminista conservadora.

ELLA   Llámalo como quieras. Nos ha costado mucho conseguir las cotas de igualdad que tenemos como para ir regalándoselas a otros.

ÉL   ¿Qué otros?

ELLA   A… otros… sectores de población.

ÉL   Ya veo por dónde van los tiros.

ELLA   ¿Tu defiendes los derechos de las mujeres?

ÉL   Sí, claro… con matices.

ELLA   ¿Qué matices?

ÉL   Los que determine el momento. Aquí no me queda otra, ¿verdad?

ELLA   …

ÉL   …

ELLA   Paso.

ÉL   En lo que estaremos de acuerdo es en que nuestro carcelero tiene buena mano para la cocina.

ELLA   …

ÉL   O dinero para contratar un buen cocinero…

ELLA   …

ÉL   O cocinera.

ELLA   (*Irónica.*) ¡Ja! ¡Me parto! Solo te faltaría decir
            que cocina su madre.

ÉL   Todo puede ser…

ELLA   Deja ya de decir sandeces.

ÉL   Como cocina la madre de uno, no cocina na-
            die.

ELLA   Esa es una idealización heteropatriarcal, un
            comentario sin objetividad ni criterio.

ÉL   Tendrías que haber probado los garbanzos con
            espinacas de mi madre.

ELLA   En cambio, la mía, guisaba fatal.

ÉL   ¿Trabajaba fuera de casa?

ELLA   ¿Qué tiene eso que ver?

ÉL   Si la mujer no tenía tiempo para dedicarle a
            la casa, normal que se le diera mal la cocina.

ELLA   Sin embargo se le daba estupendamente bien la repostería: bizcochos, bollas, roscas fritas, pestiños… ¡hasta churros!

ÉL   Lo decía por que las buenas guisanderas no solían ser buenas reposteras…

ELLA   Otra opinión sin base científica alguna, a mi abuela se le daba bien tanto lo dulce como lo salado.

ÉL   Oí a alguien que tiene que ver con la temperatura de las manos. Mi madre no hacía mayonesa cuando tenía la regla.

ELLA   Eso es una jilipollez sin sentido.

ÉL   Sí, pero gracias a eso hago yo una ensaladilla rusa de escándalo.

ELLA   ¿Cocinas?

ÉL   ¿Quién no en la era de Master Chef?

ELLA   …

ÉL   …

ELLA   Las mujeres siempre nos hemos encargado de la cocina, seguramente hasta domesticamos los primeros animales. Sin embargo, cuando la cocina traspasa el ámbito doméstico, se convierte en territorio de hombres.

ÉL   ¡Qué bien lo traes aprendido de casa!

ELLA   ¿Te burlas de mí?

ÉL   No, mujer, era broma.

ELLA   Tienes un sentido del humor algo ofensivo.

ÉL   El humor es humor.

ELLA   No, el humor, como el dolor tiene grados: hay humor, ironía, sarcasmo… Mientras más te alejas, más te acercas a ofender al otro.

ÉL   «Otra» en tu caso.

ELLA   ¡Ja! Me parto, me troncho y me mondo. Me ha tocado en suerte compartir cautiverio con el rey de la comedia.

ÉL   Maldita la gracia que me hace estar encerrado aquí.

ELLA   Pues te lo tomas como si fuera una broma.

ÉL   ¿Qué gano tomándomelo en serio? (ELLA *retoma la lectura. ÉL selecciona un tema musical.*) ¿Qué tal?

ELLA   …

ÉL   ¿No te gusta?

ELLA   Claro que me gusta, precisamente por eso no me gusta tenerla de fondo…

ÉL   Entiendo, comparto y corto.

    (Quita la música.)

ELLA   Gracias.

ÉL   *(Amago de encender un cigarrillo y dar una calada. Pasea, hace un estiramiento, unas sentadillas, flexiones y, cuando vuelve a la piltra, sigue hablando.)* Es cierto lo que dices, sobre la mujer, la cocina y todo eso, pero yo creo que ahí no había sesgo machista, era un sencillo reparto de tareas. Ellas se quedaban en casa gestando y criando la camada mientras ellos salían a ganarse los cuartos.

ELLA   Las mujeres que yo he conocido ganaban también cuartos fuera sin desatender a la familia. Gracias a eso pudimos estudiar una carrera muchas mujeres de mi generación.

ÉL   ¡Y hombres!

ELLA   Mi padre, gran trabajador y con tremenda vida social, solo aparecía por casa para cambiarse de muda.

ÉL   Me refería a que también muchos hombres pudieron estudiar con ese dinero extra que aportaban las madres.

ELLA   ¿Extra? ¿Acaso por ser menor no era igual-
            mente un sueldo?

ÉL   Sí…

ELLA   ¿Es tu caso?

ÉL   Yo… no pude.

ELLA   ¿No pudiste… o no quisiste?

ÉL   Comencé siendo buen estudiante, pero en el
            instituto me torcí … y, como mi padre era poco
            amigo de perezosos, me puso a trabajar hasta
            que me llamaron a filas. Ahí me puse las pi-
            las y, tras licenciarme del ejército, me saqué
            la titulación.

ELLA   Al menos te sirvió para algo el paso por el ejér-
            cito.

ÉL   Salías siendo un hombre.

ELLA   Estudiar fuera de casa te hubiera aportado la
            misma experiencia. Yo me convertí en mujer
            el primer año de universidad.

ÉL   …

ELLA   Es buscarte la vida lo que te convierte en adul-
            to.

ÉL   …

ELLA   ¿Callas? Raro.

ÉL   …

ELLA   ¿Qué barruntas?

ÉL   ¿Hasta la universidad no cataste varón?

ELLA   ¿Qué?

ÉL   Parece que he vuelto a meter la pata.

ELLA   Me refería a que pasé por el mismo proceso
              que tú en el servicio militar: cambié la casa
              paterna por una cierta autonomía. Pero me
              convirtió en mujer administrarme la beca, ha-
              cerme cargo de la compra, la comida, ir sola
              al médico… no follar.

ÉL   Entiendo.

ELLA   La barbaridad que has soltado por tu boqui-
              ta equivale a pensar que una niña se convier-
              te en mujer cuando tiene contacto con hom-
              bre… y no, querido, una niña de trece años
              sigue siendo niña aunque haya tenido rela-
              ciones sexuales.

ÉL   Yo no he dicho eso.

ELLA   Explícitamente, no.

ÉL   Todo lo llevas al mismo punto.

ELLA   Eres tú el que dices barbaridades machistas.

ÉL   No pretenderás que, a mi edad, cambie mi manera de expresarme.

ELLA   ¿Qué malo es? ¿Acaso yo hablo de manera ofensiva para ti?

ÉL   Pues... sí. Tiendes a encontrar en mí nada más que aspectos negativos. Estás a la defensiva. No te he ofendido, no lo pretendía.

ELLA   Por ahora.

                ....

VOZ   (*En off. Voz tratada para no identificar si corresponde a hombre o mujer.*) Para iniciar el recorrido a la salida, debéis responder con sinceridad a una pregunta.

ELLA   (*Sobre la voz en off.*) ¡Por fin! ¿Quién eres? ¡Sácanos de aquí!

ÉL   ¡Espera! Calla...

ELLA   ¿Qué hemos hecho para tenernos aquí secuestrados? ¡Suéltanos!

VOZ   (*En off.*) Debéis asumir y reconoced en público una acción de vuestro pasado de la que estéis verdaderamente avergonzados.

ELLA	¿Esto es una broma siniestra, una especie de *reality* macabro?
ÉL	Sí es un Gran Hermano espero que sea la versión V.I.P.
ELLA	¡Deja de decir jilipolleces!
ÉL	Es lo que me sale cuando estoy cagado de miedo…
ELLA	¡El que habla, más que un gran hermano, es un grandísimo hijo de puta!
ÉL	Deberíamos seguir sus indicaciones, de nada sirve enfadarlo.
VOZ	*(En off.)* Comprenderéis en breve porqué estáis aquí.
ELLA	No tengo por qué comprender nada. No hay ninguna razón que justifique robarle la vida a nadie.
VOZ	…
ELLA	No calles, respóndeme. ¿Por qué estamos aquí?
VOZ	*(En off.)* Estaba reflexionando sobre tus palabras. Efectivamente, no hay ninguna razón que justifique robarle la vida a nadie. Parece que os está sirviendo de algo estos días de evasión de vuestra rutina.

ÉL   ¿Consideras este secuestro «evasión»? Prefiero no saber qué entiendes por «victoria».

VOZ   (*En off.*) Lo acabarás sabiendo. Reconoced ante vuestro compañero algo que os avergüence especialmente de vuestro pasado y, si coincide con lo que yo ya sé, iniciaréis el camino a la salida.

ÉL   ¿Con lo que ya sabes? ... ¿Y qué sabes?

ELLA   Nos conoce.

ÉL   Sí... No es difícil.

ELLA   ¿No?

ÉL   Juguemos... «Algo que nos avergüence».

ELLA   Me ha costado mucho aceptarme tal y como soy: eso implica no avergonzarse de ninguna decisión tomada.

ÉL   ¿Ninguna? ¿Estás segura, con tu profesión?

ELLA   Siempre he respetado escrupulosamente la deontología periodística.

ÉL   ¿Y la ética?

ELLA   ¡Busca tú en tu pasado, seguro que esa mente enferma guarda recuerdos bochornosos!

ÉL   …

ELLA   …

ÉL   Ya tienes algo de lo que deberías avergonzarte: eres … eres…

ELLA   ¿Qué soy?

ÉL   ¿Cómo se denominan a las mujeres que odian a los hombres?

ELLA   Misándricas.

ÉL   Si además conoces el término, con más razón: ¡misándrica!

ELLA   Solo odio determinadas actitudes machistas, no al hombre en general. Para concretar: no te odio a ti, si no a determinadas actitudes.

ÉL   Pero si no me conoces.

ELLA   Llevamos aquí el tiempo necesario para conocerte.

ÉL   Eres bastante… soberbia.

ELLA   ¿Me insultas?

ÉL   No lo tomes como un insulto, sino como la descripción de un rasgo de tu personalidad que destaca.

ELLA   Eres imbécil.

ÉL   Eso sí es un insulto.

ELLA   Tómatelo como la descripción de un rasgo de
            tu personalidad que detesto.

ÉL   No siempre devolver la pelota te da el punto.
            ¿Cómo puedes estar tan segura de que me co-
            noces?

ELLA   Era una forma de hablar, pero dejas poco a la
            sorpresa.

ÉL   ¿Sí? ¿Te puedo hacer una pregunta?

ELLA   Sí.

ÉL   ¿Tengo familia?

ELLA   Claro.

ÉL   ¿Hermanos?

ELLA   No.

ÉL   ¿Ves como no me conoces?

ELLA   Tienes hermanas, al menos una mayor que tú.

ÉL   Dos. Dos hermanas. ¿Pero cuándo he habla-
            do yo de ellas aquí?

ELLA   No hace falta, tienes algunos hábitos que te delatan como ser sobreprotegido en la infancia.

ÉL   Me ayudaron mucho, pero no siempre estaban cuando las necesité.

ELLA   Y con el tiempo te casarías y buscarías una mujer que te protegiese.

ÉL   Me casé enamorado.

ELLA   Y te separaste desenamorado.

ÉL   ¿Cómo sabes que estoy separado?

ELLA   No llevas anillo de casado.

ÉL   Podría ser que me lo quitaran, como nos quitaron la ropa, en lo que parece ser una manera de desprendernos de todo lo que nos une con el exterior.

ELLA   Podría ser, pero si tuvieras algún vínculo afectivo con el exterior lo exteriorizarías de alguna manera.

ÉL   …

ELLA   …

ÉL   Yo también sé bastante de ti, pese a tus muchos momentos de silencio.

ELLA   ¿Hablo en sueños?

ÉL   Alguna que otra vez, pero eran frases aisladas, sin sentido.

ELLA   Lamento haberte despertado.

ÉL   Imagino que yo también te habré despertado alguna vez con mis ronquidos…

ELLA   No tanto como con tus pedos.

ÉL   …

ELLA   No pasa nada, estabas inconsciente, y peerse durmiendo es algo que une a la pareja.

ÉL   También que las separa, al menos en la cama.

ELLA   Cierto… en muchas parejas, los malos olores y los malos humores van parejos.

ÉL   Por esa obsesión de compartir: misma cama, misma tele y misma dieta, cuando está claro que lo que a uno le gusta al otro le puede sentar fatal.

ELLA   Te doy toda la razón…

ÉL   Al final nos entenderemos.

ELLA   Venga, tengo curiosidad por saber qué sabes de mí.

ÉL   Tu profesión te gusta…

ELLA   Me gustó.

ÉL   No tienes personas a tu cargo… tus padres deben haber fallecido…

ELLA   Sí, hace un par de años, primero la perdí a ella y al poco, a él.

ÉL   No tienes hijos… y estás divorciada…

ELLA   ¿Esto último lo dices porque tampoco llevo anillo?

ÉL   Por la misma razón que has esgrimido conmigo: no tienes vínculos afectivos en el exterior.

ELLA   ¿Vaya? ¿Has hurgado entre mis cosas, aprovechando que dormía?

ÉL   Llámalo «intuición masculina».

ELLA   No estoy divorciada porque jamás me casé.

ÉL   No tienes marido, es lo que importa.

ELLA   Podría ser lesbiana.

ÉL   Podrías, pero no lo eres.

ELLA   ¿Cómo lo sabes?

ÉL   Esa animadversión hacia mí es más propia de la que ha compartido cama y estancia con varón… y no me refiero a follar, si no a que has tenido una larga relación afectiva con hombres.

ELLA   ¿Cuánto de larga?

ÉL   Suficiente para generar esa animadversión hacia nosotros.

ELLA   Ya te he dicho que no es algo general, que solo es hacia determinados comentarios tuyos.

ÉL   Yo soy el único representante de mi sexo en este espacio. Si rechazas de esa manera al cien por cien de la población masculina de este micro universo, es que rechazas al hombre en general.

ELLA   ¿Y tú?

ÉL   ¿Yo? ¿Qué?

ELLA   También me rechazas.

ÉL   ¿Por qué dices eso?

ELLA   No has mantenido conversación hasta hoy.

ÉL   Soy prudente.

ELLA   ¿A eso llamas prudencia?

ÉL   …

ELLA   Pensé que tenías algún tipo de problema cog-
              nitivo…

ÉL   Yo pensé que era mejor esperar y evitar inti-
              midarte.

ELLA   ¿Intimidarme? ¿Por qué razón?

ÉL   Cuando despertamos los dos aquí, solos, con
              estas ropas y un fuerte olor a hospital, clara
              evidencia que nos habían desnudado y lava-
              do con yodo, entré en pánico… pero me cal-
              mé como pude, cuando vi tu mirada y com-
              prendí que esto era aún más difícil para ti.

ELLA   No me das miedo.

ÉL   No tienes por qué tenerlo. Me pareció que la
              mejor forma de relacionarme contigo era des-
              de la discreción, el silencio.

ELLA   Silencio poco, desde que descubriste el acce-
              so a la plataforma musical.

ÉL   Pongo la música bajita, solo para mí.

ELLA   No siempre.

ÉL   No quería que pensaras que yo era tu captor.

ELLA   No es extraño que lo pensara.

ÉL   Soy tan víctima como tú…

ELLA   Ahora lo sé.

ÉL   ¿Lo pensaste en algún momento ?

ELLA   …

ÉL   ¿De verdad? ¿Pensabas que yo era verdugo?
ELLA   …

ÉL   ¿Dudas?

ELLA   Una vez.

ÉL   ¿Cuándo?

ELLA   Cuando vi en tus ojos expresión de deseo.

ÉL   …

ELLA   …

ÉL   …

ELLA   ¿Callas?

ÉL   Te pido disculpas, pero fue poco más que una mirada furtiva el día que saliste de la ducha sin acabar de cambiarte.

ELLA   ¡Un instante para coger la ropa para cambiarme!

ÉL   No puedo negarlo: me gustan las mujeres.

ELLA   Y como yo represento ahora mismo al cien por cien de las mujeres en este espacio, he de suponer que te gustan todas las mujeres.

ÉL   En ese momento, me gustabas tú.

ELLA   …

ÉL   …

ELLA   Eres como todos.

ÉL   ¿Conoces a muchos hombres?

ELLA   A los suficientes.

ÉL   Pues entonces deberías saber que es más lo que nos separa que lo que no une. Hay hombres a los que les gusta un tipo de mujer determinado, con medidas muy féminas o entradas en carne, y otros que las prefieren muy delgadas; otros que las prefieren con polla…

ELLA   No son mujeres…

ÉL   Es… otro tipo de mujer.

ELLA   No pretendas derivar a un debate que ni te va ni te interesa.

ÉL   Me va y me interesa, pero no pretendo abrir otro melón... ¿puedo seguir?

ELLA   Allá tú...

ÉL   Tengo amigos que solo tienen ojos para su mujer y otros a los que les gustan todas menos la suya, de diferentes condiciones físicas, de diferentes tramos de edad, de diferente color de piel, cultura, religión...

ELLA   ¿Tienes amigos pedófilos?

ÉL   ¿Quién habla de pedofilia?

ELLA   ¿La edad no es para ti una barrera?

ÉL   Para empezar, estoy hablando de edad legal...

ELLA   ¡La edad legal es un invento para justificar abusos!

ÉL   ¡Qué barbaridad!

ELLA   En algunas culturas del planeta se permite el matrimonio con niñas que han tenido su primera regla...

ÉL   Y en otras se permite la esclavitud, pero no hablo de eso.

ELLA   Hablemos de esclavitud; te ha faltado mencio-
              nar a los hombres que sienten deseo por mu-
              jeres que ofrecen su cuerpo por dinero.

ÉL   Mira… mejor me callo.

ELLA   Pues entonces hablaré yo: hay hombres que
              violan, hay hombres que pegan, hay hombres
              que insultan, hay hombres que matan…

ÉL   …

ELLA   Hay hombres que engañan, hay hombres que
              humillan…

ÉL   ¿Y vosotras? ¿No hay mujeres que se venden
              o que venden a otras mujeres?

ELLA   Hay hombres que nos culpan de todo a no-
              sotras.

ÉL   ¡Y mujeres que pretenden liberarse de su cul-
              pa culpabilizándonos de todo a nosotros!
              ¡Cojones!

ELLA   …

ÉL   …

ELLA   ¿Poniendo los cojones sobre la mesa preten-
              des zanjar la conversación? Conmigo lo lle-
              vas crudo, amigo. No pienses que alzando la
              voz me vas a intimidar.

ÉL   Disculpa, me he dejado llevar por la intensidad del debate.

ELLA   …

ÉL   No volverá a pasar.

                   (*Hace el gesto de coserse los labios.*)

ELLA   …

ÉL   …

ELLA   (*Cierra y guarda el libro.*) Me estaba gustando la conversación.

ÉL   Discusión más bien.

ELLA   También. La echaba de menos. Llevaba meses sin hablar con otra persona que opinara de manera contraria.

ÉL   Pero yo no estoy en contra de todo lo que dices, solo que…

ELLA   Puedo llegar a ser obsesiva. He perdido la percepción del otro, a eso me ha llevado el silencio.

ÉL   Cuatro semanas encerrada deja su poso.

ELLA   Casi dos años, en mi caso.

ÉL   ¿Dos años?

ELLA   Me encerré en casa con la excusa del teletra-
            bajo y la comunicación con otros se fue limi-
            tando a redes sociales. Más allá de la conver-
            sación con el cajero, poco más.

ÉL   ¿Hablas con cajeros automáticos?, tienes que
            mirártelo.

ELLA   (Se ríe.) Me refería al cajero del supermerca-
            do al que acudo a hacer la compra… Un chi-
            co con una sonrisa fantástica, con el que pro-
            curo coincidir.

ÉL   …

ELLA   No vayas a pensar que le cancaneo, demasiado
            joven para mí, pero ¿a quién le amarga un dul-
            ce, más aún si solo es para regalarte la vista?

ÉL   Pero ¿no tienes fantasías con él?

ELLA   ¿Ya estás otra vez con el dichoso tema? ¿Es
            que no podéis limitaros a disfrutar de la vi-
            sión de la belleza sin más?

ÉL   Tampoco hay nada malo en excitarse obser-
            vándola.

ELLA   De ahí a la sexualización hay un paso. Todo
            lo sexualizáis.

ÉL   …

ELLA   …

ÉL   ¿Qué hay de malo en el sexo?

ELLA   El sexo en sí, nada. En la utilización que ha-
            céis de él, sí.

ÉL   ¿A ti no te gusta?

ELLA   No a todas horas.

ÉL   Es una manera de conseguir placer y de so-
            cializar, de comunicarse con otras personas.

ELLA   ¿Cuándo hablas de personas te refieres tam-
            bién a hombres?

ÉL   Sí.

ELLA   ¿Te relacionas con otras personas… de tu mis-
            mo sexo?

ÉL   Ahora mismo, no.

ELLA   Ahora solo puedes relacionarte conmigo.

ÉL   Hasta donde me permites.

ELLA   ¿Es una insinuación?

ÉL   Es una realidad.

ELLA   ¿Ves cómo tengo razón?

ÉL   ¿En qué sentido?

ELLA   Solo pensáis en eso.

ÉL   A excepción de escuchar música, la única afición que puedo practicar aquí de manera satisfactoria es el sexo, siempre y cuando contara con tu complacencia, claro.

ELLA   ¡Satisfácete solo, cerdo!

ÉL   Eso me parecería de mala educación y escasa consideración hacia ti. Como con todo lo que no es del agradado de otros, la abstención antes que el agravio.

ELLA   Gracias…

ÉL   No hay que darlas.

ELLA   …

ÉL   ¿Entonces?

ELLA   Entonces, ¿qué ?

ÉL   La respuesta a la pregunta que nos hicieron.

ELLA   ¿Algo de lo que me avergüence?

ÉL   Yo he reconocido avergonzarme de mirarte con ojos de deseo.

ELLA   ¡Lo tengo!

ÉL   ¿Lo tienes?

ELLA   Me avergüenzo de haberme sentido halagada por esa mirada.

ÉL   …

ELLA   Pero no te equivoques. Sentirme deseada no equivale a sentir deseo.

ÉL   Es un paso.

ELLA   Es un peso, un sobrepeso en tu camino. Mi lívido no existe, mucho menos en esta situación.

ÉL   También rechazaste la comida en un principio y has acabado limpiando el plato.

ELLA   Mi relación con la comida es aún más tóxica que con los hombres… Además, comer es imprescindible… y ¡basta ya! (*A voces se dirige al frente y hacia arriba.*) ¡Eh! ¡El que está ahí, vuelve a hablar, da señales de algún tipo! ¡No aguanto estar más aquí! ¡Al menos, dinos por qué estamos encerrados!

ÉL   …

ELLA   (ELLA *se hiperventila.*)

ÉL   ¿Él? ¿Por qué no puede ser «ella», no sabe-
            mos si es hombre o mujer nuestro captor… o
            captora.

ELLA   Las mujeres no practicamos este tipo de vio-
            lencias.

ÉL   Parece mentira, con la de libros que has debi-
            do leer, que digas eso… ¿Cuántas madres, rea-
            les o de cuentos, reinas de novelas históricas,
            de relatos de espada y brujería, han utilizado
            el castigo incluso con sus seres queridos?

ELLA   Son casos aislados… en mucho casos, siguien-
            do la estrategia del heteropatriarcado para
            culpabilizar a las que nos salíamos de lo nor-
            mativo.

ÉL   Lo que tú quieras pero ahí están… yo no des-
            cartaría que fuera ella… o elle.

ELLA   (*Tras pensar unos segundos, grita desaforada-
            mente.*) ¡Eh! ¡La persona que está ahí! ¡Libé-
            ranos! Ya hemos reconocido algo de lo que
            nos avergonzamos.

ÉL   Esos gritos que acabas de dar también gene-
            ran vergüenza ajena.

ELLA   ¿Me juzgas?

ÉL   No, solo que me parece exagerado dar esas voces… Estoy seguro de que nos oye hasta el mínimo susurro.

ELLA   Nos escucha.

ÉL   Y nos ve.

ELLA   Nos conoce.

ÉL   Más de lo quisiéramos.

ELLA   ¿Cómo sabe que tengo alergia a la lactosa?

ÉL   Más aún, ni un solo día ensalada de lechuga en la cena. ¿Cómo sabe que me produce gases?

ELLA   Eso es más genérico… A mí también me pasa.

ÉL   Debe tener acceso a nuestro historial médico.

ELLA   Tiene que tener un alto nivel adquisitivo, debe ser pulcro, minucioso.

ÉL   «Detallista», «cuidadosa»… y sabe cocinar muy bien.

ELLA   O tener dinero para pagar a un buen servicio de catering.

ÉL   No, estoy seguro que cocina ella misma…

ELLA   ¿Por qué estás tan seguro?

ÉL	Este tipo de actos son propios de un ser hedonista que no deja en manos de otro el desarrollo material de su proyecto.
ELLA	(*Susurrando.*) Una especie de Haníbal «el caníbal».
ÉL	O de Buffalo Bill…
ELLA	¿El de las lenguas de bisonte?
ÉL	No, el de la primera película… que se construía una nueva piel con la de las mujeres que desollaba…
ELLA	¡Tendrá talla triple XL y por eso nos ceba!
ÉL	Alguien con conocimiento de la mente y el cuerpo humano y adicto al placer por el sufrimiento medido.
ELLA	…
ÉL	Tiemblas.
ELLA	¿Crees que nos está cebando para comernos? (ÉL *se ríe de forma nerviosa.*) ¿Porque ríes de esa manera?
ÉL	Cierto que guisa estupendamente, pero las raciones son minúsculas… sin pan… y el alcohol brilla por su ausencia… Ni una copa de vino, ni un botellín de cerveza.

ELLA   Pero esta habitación cerrada es similar a una zahurda…

ÉL   ¡Pero si está como los chorros del oro!

ELLA   No será por lo que tú la limpias.

ÉL   Yo limpio… a mi manera.

ELLA   Mala manera… Apenas nos movemos, y, no sabemos el tiempo que estaremos aquí… Sin actividad, solo comiendo, acabaremos engordando como cerdos.

ÉL   Tiene que tener otra razón para tenernos encerrados… no por nuestra carne.

ELLA   Es una razón tan irrazonable como cualquier otra.

ÉL   Por la misma lógica gastronómica. Si gustara de comer carne humana hubiera seleccionado otras piezas más jóvenes y tiernas.

ELLA   La mía no es, precisamente dura… (*Tocándose.*) Debería volver al gimnasio... si salgo de esta.

ÉL   Yo no estoy capado, así que no creo que guste de mi carne dura y con sabor a macho.

ELLA   ¿Macho?

ÉL   «Montuno» también se dice. Necesitaría orearla y adobarla mucho para comérsela…

ELLA   Sabes mucho de carnes.

ÉL   Mi padre era cazador y mi madre guisaba mucho…

ELLA   En caso de comernos, ¿por quién empezaría?

ÉL   Depende de si prefiere dejar lo mejor para el final. La carne de la hembra siempre es más delicada al paladar, tiene una infiltración grasa que la hace más digerible y gustosa.

ELLA   Me estás dando miedo.

ÉL   La verdad es que no lo había pensado… Su mente no debe estar bien amueblada. Mira, acabo de sentir un escalofrío.

VOZ   (*En off.*) Estad tranquilos. El objetivo de vuestro cautiverio no es saciar mi apetito.

ELLA   ¡Por fin das la cara!

ÉL   La voz, la cara todavía no se la hemos visto.

ELLA   ¿Por qué nos has secuestrado? ¡Déjanos rehacer nuestra vida?

VOZ   (*En off.*) Si ese fuera el caso y no el de continuarla, me lo plantearía.

ÉL   Yo, a mi modo, era feliz.

VOZ   (*En off.*) Triste definición de felicidad.

ÉL   Se dice que cualquier tiempo pasado fue me-
          jor, ¿no?

VOZ   (*En off.*) Apenas habéis iniciado la conversa-
          ción. El término de referencia es «vergüen-
          za»… ¿qué os atemoriza? Solo estamos los
          tres. Sois unos nuevos Adan y Eva ante el con-
          flicto del árbol de la ciencia.

ELLA   Nosotros, Adan y Eva; tú, ¿Dios?

ÉL   O diosa. (*Risas.*) Mejor, la bicha.

ELLA   Una mala bicha.

VOZ   (*Sube el volumen y rever.*) ¡A la que pisoteas-
          teis y expulsasteis del paraíso!

ÉL   (*Susurro, con las manos indica a su compañe-
          ra.*) No la cabrees.

ELLA   (*Alterada.*) ¿Qué no lo cabree? ¿Y él? ¿Qué
          más me puede hacer? Torturarme, violarme,
          matarme… ¡Eh! ¡El de ahí fuera! ¡Déjame sa-
          lir! No soporto estar más tiempo encerrada
          entre estas tres paredes!! (*Llora.*) ¿Por qué no
          respondes?

ÉL   Tranquila…

ELLA   (*Respiración agitada.*) ¡Responde! (ÉL *se acerca para abrazarla.*) ¡Déjame!

ÉL   Solo pretendo tranquilizarte…

ELLA   Ya me tranquilizo yo sola. Si acepto que se me acerque un hombre es para amarme o follarme… pero no es el caso.

ÉL   ¿Acaso te he tocado alguna vez?

ELLA   ¿Y por qué tendrías que hacerlo? ¿Te he dado yo algún mensaje que pudieras haber equivocado? Pensáis que somos objetos de exposición a vuestra disposición…

ÉL   Pero… por favor, tranquilízate. Así no solucionamos nada.

ELLA   …

ÉL   …

ELLA   ¡Estoy harta de que me sobéis!

ÉL   ¡Vale!

ELLA   … ¡Harta!

ÉL   …

ELLA   ¡Harta de qué me ignoréis!

(Arranca a llorar.)

ÉL   …

ELLA   Tendría unos ocho años, mi primera comu-
nión y la prueba del vestido. Un momento es-
pecial para cualquier niña, para el que te pre-
paraban desde que tenías uso de razón. Mi
madre y mi abuela Josefa me llevaron a una
tienda especializada en vestidos de novia y
eventos. Yo estaba como en una nube, toda la
familia pendiente de mí, de aquel gran día en
el que aparecería en el altar para recibir el cuerpo del Señor… «Parece una novia» repetía aquel
dependiente hijo de puta mientras me anuda-
ba el cinto… Todavía recuerdo su aliento ba-
boso mientras me cerraba el cuello por de-
trás… y como recorría mis piernas hasta la
braguita cuando metió las manos bajo el vestido con la excusa de colocarme el forro… y
aquellos ojos… es el primer recuerdo de muchos de los que tengo. Me desarrollé pronto,
y con apenas doce años, y aún yendo acom-
pañada de algún mayor, raro era el día que no
recibía en el autobús urbano miradas asque-
rosas de hombres… y no todos eran viejos ver-
des, que algunos eran de la edad de mi padre… Recuerdo a uno especialmente, un hombre maduro, enchaquetado, demasiado arre-
glado para lo que era habitual en el bus, con
fuerte olor a tabaco y a colonia, que aprove-
chaba las bajadas o subidas del autobús para
rozarme con su paquete. En el instituto fui de

las populares, y aunque algunas pensaban que debería agradecerlo, el sentirme presionada a estar siempre con unos o con otros, me abrumaba… lo único que pretendían los muchachos con los que me relacionaba era sobarme, por que no dejé que pasaran a mayores… hasta que llegó el momento, claro…

ÉL   …

ELLA   Y menudo momento. Una fiesta de fin de curso de tercero de BUP, en el que bebí más de la cuenta, uno de los repetidores me engatusó de tal manera que acabé bajo él, no sin antes aguantar sus babas borrachas. Si por lo menos hubiera estado bien… pero solo recuerdo un mete saca y un «adiós muy buenas». Se correría la voz, porque a partir de ese momento la presión por salir conmigo fue en aumento, al punto que me quedaba muchos sábados en casa para ahorrarme el mal trago. En la universidad el cuerpo me cambió y se me empezaron a agarrar los kilos como las garrapatas. Las miradas de deseo prácticamente desaparecieron; en la facultad de periodismo la proporción de carne femenina era mucho mayor y las probabilidades de acoso disminuían sí tenías un cuerpo no normativo. No obstante, tuve que pasar por más de una situación violenta con un catedrático al que le gustaban rellenitas… o que pensaría que al ser rellenita mis escrúpulos serían menores. Estuve a punto de no aprobar su asignatura. Encontré novio… no era el amor de mi vida, pero me veía con él cumpliendo la rutina marital... pero el último año de carrera encontró a otra que cumplía mejor sus «expectativas» sexuales, al menos eso fue lo que me dijo con un escueto «no sabes follar». ¿No sabía follar? Pero ¿qué es lo que había que hacer, más allá de no poner impedimento?... Nadie me había enseñado nada, si es que el sexo precisa aprendizaje más allá de un seminario de fin de semana. Fue tal la decepción que no quise volver a repetir la experiencia y a partir de ese momento solo tuve encuentros sexuales esporádicos; algunos satisfactorios, otros, decepcionantes... el más reciente, totalmente humillante, denigrante hacía mi...

ÉL   ...

ELLA   Parece que el ser nosotras las que buscamos os autoriza a desarrollar vuestras más oscuras fantasías.

ÉL   Lo siento...

ELLA   Fue el último. Vivo sola, «cabra sola que no quiso cabrón en compañía»... sin hijos ni hermanos, sin padre... ni madre.

ÉL   ...

ELLA   ...

ÉL   Ni perrito que te ladre. (ELLA *llora. Suspiro.*) Aunque sé que te servirá de poco consuelo, también yo he sufrido la voracidad masculina.

ELLA   ¿Tú?

ÉL   Yo era aún más pequeño, cuando todo se confunde con juego. ¿Siete, ocho años? Un… familiar, el hermano menor de mi madre, un hombre simpático, casado, sin hijos, que gustaba de enseñar a su sobrinito como cambiaría su cuerpo con la edad; desde lo más evidente, el vello púbico, al tamaño de los genitales… y me animaba a tocarle para entenderlo. No me desagradaba y lo repetíamos a menudo… hasta que un día el juego pasó a ser rutina y dejó de ser divertido.

ELLA   …

ÉL   En unas vacaciones, una noche entró furtivo en mi cama e intentó penetrarme…

ELLA   ¡Cabronazo!

ÉL   Lo rechacé, me fui al baño y cerré la puerta con el cerrojo hasta que se despertaron todos. Le tuve que contar a mi madre que unos dolores de barriga muy fuertes me habían quitado el sueño.

ELLA   ¿Lo llegaste a denunciar?

ÉL   Hubiera matado a mi madre del disgusto.

ELLA   ¿Estás seguro que no lo sabía?

ÉL   Por mí, te aseguro que no… aunque desde aquel día mi tío Carlos no volvió a entrar en casa.

ELLA   …

ÉL   Lo peor es que ese sentimiento de culpa y de placer mc ha acompañado siempre. Hiperestesia sexual fue mi diagnóstico…

ELLA   Vaya, lo siento.

ÉL   El hombre es un lobo para el hombre.

ELLA   Y para la mujer…

ÉL   Y para el lobo…

          (Se ríen.)

ELLA   ¿Y esa hipersexualización te ha generado algún problema?

ÉL   Ansiedad, estrés… y también muchos momentos de placer… que he aprendido a compaginar con grandes raciones de culpa.

ELLA   ¿Te generó problemas en tus relaciones?

ÉL   Tuve pocas. Por temas de edad era el pequeño de mi clase. Si a eso le unes que tardé bastante en desarrollarme, entenderás que no tuviera mucho éxito entre las chicas. Me eché novia cuando acabé el servicio militar… una pobre muchacha a la que acabé cansando.

ELLA   Se os rompió el amor.

ÉL   De tanto usarlo… con ella y con otras personas.

ELLA   Cabrón.

ÉL   Pero solo de soltero. Cuando nos casamos me comprometí a serle fiel, y lo fui, al menos de obra… de pensamiento ni lo intenté. La pornografía me ayudaba a satisfacerme, pero también lo complicó aún más, cuando intentaba llevar a la alcoba lo que veía en pantallas. La juventud se nos fue y el afecto que nos unía acabó convertido en un delgado hilo que rompimos el día que nuestro hijo se fue a la universidad.

ELLA   …

ÉL   Lo acepté lo mejor que pude. Si de algo me precio es de haber sabido no imponer mi rutina sobre el derecho de otras personas. Por eso, desde que me separé, vivo solo.

ELLA   …

ÉL   Ni perro que me ladre tengo, ni gato que maulle, ni oveja que me bale.

ELLA   Vale... algo más que nos une.

ÉL   ¿La ausencia de mascotas?

ELLA   (*Riéndose.*) Gilipollas.

ÉL   Abusos en la infancia, soledad en la edad madura.

IRENE   (*Entrando.*) La espera valió la pena.

ELLA   ...

ÉL   ...

ELLA   ¿Eres tú la que hablabas? (*Se abalanza sobre* IRENE.) ¡Hija de puta!

IRENE   Baja esas manos. (*Apuntándola con un revolver. Los dos muestran pavor.*) Os informo para vuestro interés que cualquier daño que sufra durante este momento será motivo de represalia inmediata. ¿No pensaréis que la domadora entraría en la jaula de fieras sin protección?

ELLA   ¿Nos llamas «fieras» a nosotros?

ÉL   Ella parece más Barbara Rey que Angel Cristo.

ELLA   ¿No puedes dejar de decir bobadas?

ÉL   Los nervios, ya te he dicho.

IRENE   A mí me hacen gracia sus chascarrillos, liberan de tensión el ambiente. Son pizcas de humor que ayudan a digerir la tragedia. Me agrada.

ELLA   Pues a mí me agrede.

ÉL   Parece que a ti también te gustan los juegos de palabras.

ELLA   Déjate de bobadas y ayúdame. Somos dos contra una, aunque nos dispare a uno, el otro puede aprovechar para arrojarse sobre ella y quitarle el arma.

ÉL   No sé yo…

IRENE   (*Riéndose.*) Esto sí que es gracioso… ¿Quieres el arma? ¡Tómala, toda tuya!…

         (*Se la tira a las manos de ella, que nerviosa intenta cogerla pero se le resbala y cae.*)

ÉL   Es de juguete.

IRENE   No exactamente, es una excelente réplica, que mis buenos euros me costó. No me hace falta arma: si algo me pasa, no podréis salir. Solo yo conozco la contraseña que abre las puertas… así que más os vale mantenerme viva y consciente… no vaya a ser que se me olvide la secuencia de números.

ELLA   Más pronto que tarde darán con nosotros…

IRENE   Eso podría pasar si os estuvieran buscando,
            pero gracias a la Inteligencia Artificial, vues-
            tros conocidos piensan que estáis de vaca-
            ciones, en un destino idílico. Tú (*A* ÉL.) en
            Estambul, disfrutando hoy de las catacum-
            bas de la Catedral de Santa Sofía…; y tú (*A*
            ELLA.) en una pequeña isla del Pacífico Sur,
            disfrutando de temperaturas templadas y cá-
            lida compañía.

ÉL   Aunque sea de manera no presencial, te agra-
            dezco el destino.

ELLA   ¡Estás mintiendo.!

IRENE   No hay necesidad. Podría haberme limitado a
            enviar unos mensajes desde vuestros núme-
            ros de teléfono, indicando que una enferme-
            dad vírica os obliga a estar recluidos en casa,
            pero me ha parecido más divertido cumplir
            vuestro deseo, aunque sea de manera virtual.

ÉL   (*Para* ÉL.) ¡Hija de puta!

IRENE   Dependiendo del resultado del envite, uno de
            los dos podrá realizar su respectivo viaje, y a
            cuerpo de rey.

ÉL   En mi caso, de reina emérita. (IRENE y ELLA *lo
            miran extrañadas.*) Por lo de «Santa Sofía».

ELLA   (*Resopla.*) ¿A qué te refieres con eso del «envi-
            te»? Acaso nos vas a hacer pelear entre nosotros.

IRENE   No, mujer, es una manera de hablar…

ÉL   ¿Por qué nos tienes aquí?

IRENE   Estáis cumpliendo vuestra pena… la que os
            merecíais por vuestro delito y de la que salis-
            teis airosos en su momento.

ÉL   Entonces, ¿estamos cumpliendo una especie
            de castigo?

IRENE   Con esa capacidad deductiva que habéis de-
            mostrado, seguro que habéis descartado el se-
            cuestro, porque, ¿qué rescate podría pedir al-
            guien por vosotros? Mejor dicho, ¿a quién le
            importáis lo suficiente para pagarlo?

ÉL   Yo tengo un hijo.

IRENE   Que no tiene dónde caerse muerto y con el
            que apenas tienes relación.

ÉL   Sabes dónde hacer daño.

ELLA   No entiendo tanto rencor. ¿Quién eres?

IRENE   Han pasado muchos años, por eso no me re-
            conocéis.

ELLA   ¿Deberíamos conocerte?

IRENE　　　No ayudan las cirugías a las que me he sometido para reinventarme. Consideré que otra cara, otro cuerpo, otro nombre, me ayudaría a pasar página, que el tiempo, la actividad, borraría el suceso de mi cabeza.

ÉL　　　Pero... no, no lo has olvidado.

IRENE　　　Efectivamente.

ELLA　　　¿Qué sabes tú de ella?

ÉL　　　Todavía nada, pero esta concatenación era claramente previa a una negativa.

(ELLA *resopla*.)

IRENE　　　Profesionalmente he tenido éxito, mucho éxito, al punto de tener una cuenta con más de siete dígitos. El personaje que creé me ha permitido saltar barreras morales... aunque habría que preguntarse, ¿qué es la moral?

ÉL　　　¿La moral...? Pues...

ELLA　　　¡Es una frase retórica!

IRENE　　　Actualmente mi presencia no es necesaria en las mesas de trabajo, los beneficios se multiplicaban sin apenas intervención por mi parte. Eso me ha permitido llenar las mañanas de puro disfrute...

ÉL   ...

ELLA   ...

ÉL   (*A* ELLA, *justificándose.*) ¿Pero?

ELLA   ¿Sólo las mañanas?

IRENE   Sí, porque las noches siguen siendo de pesa-
              dilla. Una noche cualquiera, indistintamente
              que haga frío o calor, que llueva o haga vien-
              to, vuelve la pesadilla. Recurrente, hiriente,
              pegajosa... Una multitud de vecinos, familia,
              conocidos, señalándome y riéndose, a carca-
              jadas, con la mandíbula desencajada y dientes
              sarnosos profundamente afilados ... y yo cada
              vez más pequeña, diminuta, hasta sentirme en-
              terrada hasta la cintura, las piernas inmovili-
              zadas sin poder huir, recibiendo una lluvia de
              golpes con palos, mientras otros me arrojan
              verduras y basura. ¡Me despierto gritando...
              asustada... sudando, muchas veces con la cama
              mojada de orina, y lloro avergonzada como
              una loca!

ÉL   ...

ELLA   ...

IRENE   La herida no se acaba de cerrar.

ELLA   ¿Qué tenemos que ver nosotros con todo eso?

IRENE   Os refrescaré la memoria. El día que llegasteis se cumplieron justo treinta y dos años del incidente que me obligó a dejar mi vida anterior.

ELLA   ¿Treinta y dos?

IRENE   Treinta y dos.

ÉL   Treinta y dos, treinta y dos, treinta y dos… Después os extrañáis que suelte chascarrillos.

ELLA   No seas payaso.

ÉL   Es lo que me gustaría ser ahora mismo, un payaso cerrando mi número y dando paso a otra actuación. ¿No la has reconocido?

IRENE   ¿Me recuerdas?

ÉL   Una joven modelo de clase bien, guapa y con estilo y ambición suficiente para conquistar a un torero, un empresario o un futbolista, y que de la noche a la mañana se convierte en objeto de burla para todo el mundo.

ELLA   Hace treinta y dos años yo trabajaba en el periódico local… pero no recuerdo ahora mismo…

IRENE   (*A ÉL.*) Tú y yo nos conocíamos antes del incidente… No éramos íntimos, pero ¿no te avergonzaste en aquel momento?

ÉL   Pero yo no hice nada… no entiendo qué hago aquí.

IRENE   ¡Vistes las imágenes, no comunicaste a la policía quién fue la persona que te envió el correo electrónico!

ÉL   ¿Quién iba a pensar que el asunto tomara el rumbo que acabó tomando?

ELLA   ¿De qué estáis hablando? Habláis de imágenes… ¿Qué tipo de imágenes?

ÉL   Sexuales.

ELLA   ¿Pornografía?

IRENE   Esa era su percepción, y la de tantos otros hijos de putas como él. Lo que para ti era más pornografía a consumir, para mí fue una violación de mi intimidad.

ELLA   Aparecías tú.

IRENE   Sí.

ELLA   ¿Con tu novio?

IRENE   Un amante.

ELLA   Del que aceptaste participar en una sesión fotográfica con su cámara digital.

IRENE   ¿Suya? ¡Mía!

ELLA   … Recuerdo.

IRENE   La que fuera mi pareja «oficial», mi novio, fue el responsable. Me tenía amargada… Era obsesivo, agobiante y un pésimo amante.

ÉL   Típico.

IRENE   ¿Típico?

ÉL   Cuando habláis de «ex-parejas», ninguno pasamos del suficiente bajo en artes amatorias.

ELLA   ¿Y?

ÉL   Que no todo el monte es orgasmo… y que podéis buscarlo por vosotras mismas, como hacemos nosotros desde el principio de los tiempos.

ELLA   ¡Mira!

ÉL   ¿Dónde?

ELLA   Mejor cierro la boca…

ÉL   Tu sabrás, pero aquí pocas moscas hay.
IRENE   ¿Puedo continuar?

ELLA   Continúa… por favor…

IRENE   Su inseguridad como amante lo llevó a unos celos enfermizos, así pasó de la adulación al insulto, cada prenda que me ponía la consideraba provocativa. De pretender controlar como vestía pasó a controlar con quién salía, el paso siguiente: espiar mis mensajes de móvil…, ver mis correos electrónicos… Lo de mi cámara digital tenía que ser el paso siguiente.

ÉL   Se lo pusiste fácil.

IRENE   No lo aguantaba más. Quería cortar aquella relación, así que dejé la cámara junto al móvil, intencionadamente. Pensé que al ver las fotos montaría la escena de celos definitiva, esta vez con razón… y que cortaría la relación.

ÉL   Te salió el tiro por la culata.

IRENE   Conocía mi clave de acceso, así que aprovechó que no estaba en casa para descargar las fotos en mi ordenador y compartirlas entre mis contactos.

ÉL   Putada.

IRENE   Me jodió la vida.

ELLA   Pero yo… ¡Yo denuncié el caso, publiqué la noticia en el periódico! No entiendo qué hago aquí.

IRENE   Publicaste artículos, eso no es denunciar. Tu caso es, si cabe, más gravoso, más dañino para mí… Tu compañero de habitación miró, se excitó, compartió.

ÉL   ¡Eso no es verdad!

IRENE   ¿Cómo que no? Si lo reconociste en comisaría…

ÉL   Que compartiera, sí, pero ¿que me excitara?… no. Lamento si hiere tu autoestima.

IRENE   ¡Las compartiste, cerdo! Y tú no tuviste escrúpulo alguno en escribir quince años más tarde un reportaje para una revista nacional en el que describías con pelos y señales lo que aparecía en las fotos.

ELLA   Me lo pidieron, era mi trabajo.

IRENE   Y una manera de reflotar tu carrera y remover mis recuerdos.

ELLA   Volvió a estar en el candelero cuando el gobierno presentó la ley de protección de datos; se buscaron antecedentes, y el tuyo fue uno de los más populares.

IRENE   Maldita forma de adquirir fama.

ELLA   ¿Entonces tú eres... Isabel?

IRENE   Acertaste, pero ahora te rogaría que me llamaras con mi nuevo nombre: Irene.

ELLA   Lo siento, Isa…

ÉL   ¡Irene!

ELLA   Irene, lo siento.

IRENE   ¿Eso significa que asumes el error y que te avergüenzas de tu comportamiento?

ELLA   Sí sirviera de algo, por supuesto… Pero cumplí con lo que me pidieron… Soy una buena profesional.

IRENE   ¿Y la ética?

ÉL   ¿Y la «sonoridad»?

IRENE   ¿Eh?

ÉL   ¿No se dice así, eso de echaros una mano una mujer a otra?

ELLA   Al cuello vamos a echártelas a ti: «Soro»… «sororidad»

ÉL   ¡Ah!.

ELLA   Si el caso hubiera terminado con el intercambio de archivos, yo no habría escrito más… Pero cuando llevaste a juicio al que dices que compartió las fotos, me solicitaron un artículo que compilara la línea de sucesos.

IRENE   Y no había mejor manera de ilustrar la información que acompañarla de imágenes del video…

ELLA   ¡Pixeladas! Las imágenes aparecían pixeladas.

IRENE   Y, a pie de foto, la dirección electrónica dónde estaban alojadas.

ELLA   …

ÉL   …

ELLA   Hay que mencionar las fuentes. Protocolo periodístico.

ÉL   En una época en la que estaban recientes las películas porno codificadas, una imagen pixelada animaba aún más a buscar y pinchar el enlace.

ELLA   …

ÉL   La liaste buena.

ELLA   La líamos buena.

ÉL   ¿Y qué has hecho con el verdadero culpable?… Con el que difundió las imágenes.

IRENE   Está en otra sala, esperando su momento.

ÉL   ¿Estamos más?

IRENE   Sí, claro… todos los que considero que mere-
               cen un castigo.

ÉL   ¿Cuántos puñados de arroz has echado hoy?

IRENE   Divide, algo más de dos kilos, a 80 gramos por
               persona…

ÉL   ¿Ves? ¿Ves como no nos ceba?

IRENE   Son raciones suficientes.

ÉL   Para ti, que te alimentas del rencor… para mi,
               te aseguro, es poco.

IRENE   Lo tendré en cuenta… sí tenemos un nuevo
               jueves.

ÉL   …

ELLA   ¿Y el que aparecía junto a ti en las fotos, tam-
               bién comerá hoy arroz?

IRENE   Ese ya sufrió suficiente mofa durante el pro-
               ceso.

ÉL   Costaba distinguir la seta entre tanta maleza.

IRENE   ¡No éramos actores profesionales y los mismo carroñeros que se excitaban con mi cuerpo, se burlaban del suyo!

ELLA   ¡Hombres!

ÉL   ¡Y mujeres! ¿O es que no fueron mayormente mujeres las que hicieron burla de su situación?

IRENE   Cierto. Fue una mujer la que sacó fotocopias de las fotos y las pegó en el tablón de la Sociedad Recreativa a la que asistía mi madre. Fue una abogada la que afirmó y perjuró que fui yo la única responsable de compartir las fotos… Y, ¿no fuiste tú, mujer, la principal responsable de divulgación del suceso en prensa?

ELLA   Alguien tenía que hacerlo… yo era la encargada de local, y la noticia era de tremendo interés.

IRENE   He estado siguiendo tu trayectoria profesional y he podido comprobar la manera despreciativa con que tratas a mujeres que entienden la vida de una forma más… frívola; por no mencionar las tertulias en las que participas y muestras tu animadversión a quienes vivimos la sexualidad más abiertamente.

ELLA   ¡Ya está bien! Puedo llegar a reconocer mi error en tu caso, pero llevo toda mi vida luchando por nuestros derechos… En cambio, tú, prefieres ir de víctima, cuando acabas de reconocer que tu idea inicial fue ejercer de verdugo. ¡En eso has convertido tu vida, una dicotomía víctima/verdugo! En vez de aprovechar tu posición de privilegio en la vida para mejorar la situación de las demás, te has dedicado a deshacer camas y llenar de tejidos tus armarios!

IRENE   Soy una profesional de éxito con una manera diferente de vivir mi feminidad. ¿Por eso merecí el castigo del destierro?

ÉL   Te lo impusiste tú.

ELLA   Desapareciste, es verdad.

IRENE   A partir del momento en que se distribuyeron las imágenes, la percepción que tenían los demás de mi varió… Me sentí menospreciada, degradada a lo más bajo. ¿Qué otra cosa me quedó que huir? Me exilié, quizás entiendas mejor esa palabra.

ELLA   …

IRENE   Pasan los años, triunfo en mi nueva vida y, cuando parece todo olvidado, reaparece la mierda con una serie de artículos periodísticos, que despiertan interés en el caso, al punto de generar ahora una serie documental…

ELLA   ¿Una serie?

IRENE   Ocho episodios de cuarenta minutos de duración cada uno. ¿Qué será lo siguiente, una obra de teatro?

ÉL   ...

ELLA   ...

ÉL   Confiemos que sea una bonita revista musical, con final feliz y canciones coreografiadas.

IRENE   Yo la veo más como una tragedia griega.

ÉL   ...

ELLA   Pero, la serie documental, ¿es cierto?

IRENE   La productora tiene parado el proyecto por la dificultad de encontrar testimonios. ¿Por qué creéis que estáis todos aquí?

ÉL   Qué lista la cabrona...

IRENE   Tuve acceso al guión. De premio, por cierto, con un sesgo positivo hacía mí y hacia otras mujeres que han visto publicada su intimidad. Protagonista y víctima... Pero yo lo único que deseo es olvidar y que se me olvide.

     (*Llora.*)

ÉL   Tranquila...

ELLA   ¡Déjala!

ÉL   ¡Déjame tú a mí! ¡No todas tienen por qué ver
                en un abrazo sincero algo sucio! (*Abraza a*
                IRENE.) Es tarde, pero aún así te pido discul-
                pas… y no es para ablandarte y que me suel-
                tes de esta habitación. Son disculpas sinceras.
                Estoy profundamente avergonzado.

ELLA   ¿Por qué utilizaste esa estúpida argucia en vez
                de cortar en seco directamente con la relación?

IRENE   Fui idiota… y no calculé bien. Fui una de las
                primeras víctimas. Debéis agradecerme que
                os pusiera sobre aviso a muchas otras. Solo
                era una cabecita loca que disfrutaba del sexo…
                Pero eso no es excusa para que vosotros con-
                tribuyerais a la infamia.

ELLA   Discúlpame a mí también, no supe ver el daño
                de mis acciones. Ahora, hoy, me avergüenzo
                de ellas… Estoy dispuesta a escribir una rec-
                tificación pública al respecto.

IRENE   ¡No, gracias! Ya he dicho que lo que menos
                quiero es volver a remover la mierda… Acep-
                ta el castigo.

ELLA   Di mejor, la venganza.

IRENE   ¿Qué es la venganza si no una forma de jus-
                ticia?

ÉL   Dicho así, hasta parece una acción noble... Pero a mí la venganza no me gusta ni como género cinematográfico.

IRENE   El trabajo que no hicieron por negligencia o falta de jurisprudencia lo estoy haciendo yo ahora.

ELLA   Has aplicado el castigo antes de dictar sentencia.

IRENE   Estás muy equivocada, lo que habéis experimentado hasta ahora no ha sido la condena, si no una especie de... prisión preventiva.

ÉL   Igualmente es privación de libertad... que yo también veo series de abogados.

IRENE   No os podréis quejar de las condiciones: local climatizado, comida de calidad, lectura, acceso a plataformas musicales... buena conversación, por lo menos a partir de hoy. ¿Qué diferencia hay entre lo que he te ofrecido y la vida que tenías antes? Tanto uno como otro vivís solos, con apenas contacto con el exterior.

ÉL   Era una soledad elegida... esta es una compañía impuesta.

IRENE   Han sido necesario cerca de treinta días solo para reconoceros el uno al otro.

ELLA   Yo no conozco a este hombre de nada. Por no
            saber, no sé ni cómo se llama.

ÉL   Eso se soluciona rápido. Me llamo Mario, Ma-
            ría.

MARÍA   Estupendo, ya sé tu nombre, y por lo que aca-
            bo de comprobar, tú también el mío, pero sigo
            sin conocerte…

MARIO   No es lo que parecía hace un rato, cuando te
            atreviste a definirme.

IRENE   ¿No lo recuerdas? Mario fue uno de tus ad-
            miradores en el instituto.

MARÍA   ¿Sí?

MARIO   ¿Cómo puedes saber eso?

IRENE   Tirando del hilo.

MARIO   Ya te dije que te conocía. Era de los que te ado-
            raban en la distancia.

MARÍA   ¿Para tanto era?

MARIO   En aquel momento yo era el invisible. Mien-
            tras tú eras el foco de interés para los reyes de
            la pista, los medianeros como yo quedábamos
            relegados a encontrar refugio en el grupo de
            los raros.

MARÍA   Con el tiempo te fue bien y te casaste.

MARIO   Por lo que te he contado entenderás que mi matrimonio no funcionó. Lo peor es que hace tiempo que me retiré de la vida.

MARÍA   Vaya, lo siento…

IRENE   No te preocupes, ya queda menos.

MARIO   ¡Pero prefiero decidir yo! Si he tenido el coraje de seguir viviendo no es para aceptar ahora el designio que me marque una resentida.

IRENE   Parece que Doctor Jekill se ha convertido en Mr. Hyde.

MARIO   Soy más Hulk Gris.

MARÍA   No entiendo.

MARIO   No importa. Solo he escuchado excusas en vuestra boca; os limitáis a echar balones fuera, como si no tuvierais responsabilidad alguna en los errores que habéis cometido… porque han sido eso: errores.

MARÍA   ¡Oye, que tú viste y compartiste las fotos!

IRENE   (*A* MARÍA.) Déjalo hablar, por favor.

MARIO   Asumo el error. Me equivoqué y pido perdón… acepto el castigo. Fui verdugo en aquel momento, pero ahora no voy de víctima, no responsabilizo a otros del rumbo de mi vida. Abusaron de mí, cierto; trabajo en algo que detesto, también. Tengo menos vida social que un oso polar... y mi vida sexual se restringe al ámbito de lo unipersonal. Pero he tomado la decisión de que este poder, esta enfermedad, me la como yo solo, sin molestar a nadie...

IRENE   No eres precisamente un santo.

MARIO   ¡Ni lo pretendo, pero no he cometido ningún delito!

IRENE   Según la legislación actual, lo cometiste.

MARIO   Caso de ser así, hubiera prescrito.

IRENE   Veo que controlas la situación.

MARIO   Ya os he dicho que veo muchas series de juicios.

IRENE   Por esa misma razón estáis aquí. Todo delito merece castigo.

MARIO   Desde aquel incidente, no he vuelto a intercambiar archivos de carácter íntimo, no ejerzo ningún tipo de violencia, ni con mujeres ni con ninguno de mis semejantes, cumplo religiosamente con mis obligaciones tributarias, saco la basura a su hora. La única pena que merezco es la que ya cumplo...

MARÍA   ¿Cuál?

MARIO   Dar pena.

MARÍA   Patético.

MARIO   Eso mismo.

MARÍA   ¿Por qué las compartiste?

MARIO   La condición para acceder a ellas era reenviarlas a un mínimo de diez contactos y eso hice: diez, ni uno más.

MARÍA   Ni uno menos.

IRENE   ¡Todavía he de darte las gracias! ¿Acaso no se las enseñaste a tus compañeros de la asesoría?

MARIO   ¿Cómo sabes eso?

IRENE   Lo sé.

MARIO   Ya te he dicho que no me excité: me reí y mucho de la situación por la posición ridícula en la que quedó el co-protagonista.

IRENE   ¿Lo conocías?

MARIO   Un compañero del grupo de los raros del instituto, el primero de los esquiroles, que cambió de bando en cuanto cambió las máquinas recreativas por el gimnasio.

MARÍA   El patito feo se convirtió en cisne.

MARIO   Más bien en ganso…

MARÍA   Yo también lo conocía…

MARIO   Claro… otra cosa es que nos hicieras ascos, pero coexistíamos en el mismo instituto.

MARÍA   Lo conocí realmente unos años más tardes… Fue uno de los cabrones que hizo que cogiera asco a la especie masculina…

IRENE   Por lo tanto, sí había intención de ridiculizarlo al compartir las imágenes.

MARÍA   Ahora que lo pienso… puede ser.

IRENE   También ejercisteis vuestra venganza, sin importar los daños colaterales.

MARÍA   …

MARIO   …

IRENE   Hoy daré fin a vuestro encierro.

MARÍA   ¿Sí?

MARIO   No te confíes.

IRENE   Solo debéis llegar a un acuerdo. Debéis consensuar quién continúa viviendo en vergüenza y quien debe poner fin a su vida.

MARIO   Me lo repites, por favor.

IRENE   Aquí tenéis dos pastillas, la verde es veneno, inmediato e indoloro; la roja es placebo, insípido e inodoro. La roja abre la puerta y conduce a vuestro destino elegido, donde podréis vivir refugiados el resto vuestro vida; la otra os llevará a una muerte rápida.

MARÍA   ¿Ya?

MARIO   Tiene truco, ¿verdad?

MARÍA   Esto no puede ser, es una locura. ¿De verdad hablas de matarnos?

IRENE   Solo a uno de los dos.

MARÍA   ¿Y el otro?

MARIO   ¿O la otra?

IRENE   Vivirá.

MARÍA   Yo quiero volver a mi casa, a mi vida, que no por cutre es menos vida.

IRENE   Eso es imposible. Esta experiencia no te permitiría continuarla sin más… por no hablar de que la información que has obtenido hoy no puede salir de aquí. Quién salga por la puerta, vivirá el resto de su vida confortablemente, pero quedará en la memoria como un ser execrable, responsable de un magnicidio reciente.

MARÍA   ¿Cómo es eso posible?

IRENE   Estáis recluidos, como lo están otras personas que también participaron en la divulgación de las imágenes y que, a diferencia de vosotros no han sido capaces ni siquiera de retractarse… Hoy serán ejecutadas y uno de vosotros aparecerá como responsable. Para eso modificaré imágenes, incluiré pruebas: restos de saliva, huellas, lo preciso para que quede claro su culpabilidad.

MARÍA   ¿Todo esto por excederme en una publicación?

IRENE   No, por participar en una lapidación.

MARIO   …

MARÍA   …

MARIO   (*A* IRENE.) Con esa cabecita bien podrías dedicarte a guionista de series televisivas. (IRENE *se ríe*.) ¡Lo eres!

IRENE	Cuando comencé con el podcast sabía que iniciaba una rica carrera.
MARÍA	(*Hiperventilando.*) Yo, yo quiero vivir... aunque se me haya pasado el arroz, todavía me siento joven, tengo ganas de vivir...
IRENE	Muy bien, pero debes contar con la aprobación de tu compañero.
MARIO	Si me concedéis un último acto de caballería, yo tomaré la pastilla verde.
IRENE	...
MARÍA	...
IRENE	Será tu último y loable acto vital.
MARIO	No me escribirán loas, ni me pondrán una calle.
IRENE	Lo sabremos nosotras.
MARÍA	¡Ah, no! ¡Por ahí si que no paso!
MARIO	¿Prefieres tomarla tú?
MARÍA	Prefiero vivir, porque, a fin de cuentas, lo que me importa desde que tengo uso de razón es lo que yo siento, no la percepción que tienen de mí... ¡Pero lo que no toleraré es que te

vayas con la sensación de hacerme un favor por ser mujer!

MARIO   ¡Ella y sus ovarios: con principios hasta el final!

MARÍA   (*Riéndose.*) «Mi» ovario, que tengo uno solo… el otro me lo extirparon.

MARIO   A mí la próstata me la estaban mirando antes de entrar aquí.

MARÍA   Vaya…

MARIO   (*A* IRENE.) ¿Por cierto, miraste los últimos resultados?

IRENE   Hiperplasia… no preocupante a corto plazo.

MARIO   Para el caso…

MARÍA   ¿Entonces?

MARIO   Nada, cuando tomo una decisión, la llevo al final: acepta mi sacrificio a modo de regalo de tu primer admirador.

MARÍA   No has tenido tiempo de pensarlo. Es otro de tus chistes malos.

MARIO   Será porque eso ha sido mi vida: un chiste, corto y no muy bueno.

MARÍA   …

IRENE   …

MARÍA   Tienes un hijo.

MARIO   Como el que tiene un tío en «Graná»… Cuando era bebé evité su contacto; en parte por no saber, en parte por miedo a repetir con él conductas indeseadas, con el tiempo me limité a ser un observador de sus evaluaciones, así que nuestra relación ha sido siempre fría. Acabó los estudios y se fue a trabajar fuera. Apenas nos vemos.

MARÍA   ¿Os llamáis?

MARIO   Algún whatsapp con emoticonos.

MARÍA   ¿Ni por Reyes?

MARIO   La madre era más de Papa Noel… y tanto papá «no é», tanto papá «no é», que papá ni «é», ni está.

MARÍA   (*Riéndose*.) Que gilipollas, eres…

MARIO   …

MARÍA   Te echaré de menos.

MARIO   Venga: ¡dame el «sí quiero»!

MARÍA   Pero ¿no se volverá a saber de mí?

IRENE   Nadie... excepto nosotros...

MARIO   Y yo, para lo que voy a durar...

MARÍA   (*Abraza a su compañero.*) ¡Gracias!

MARIO   Nada, mujer... Hoy por ti, mañana...

IRENE   ¿Mañana?

MARIO   (*Risas.*) No hay mañana... «no future».

MARÍA   ...

MARIO   Qué a gusto estoy ahora... se me están qui-
         tando las ganas de sacrificarme...

MARÍA   ¿Cómo?

MARIO   Es broma.

IRENE   Tenemos que acabar.

         (*Le ofrece la pastilla y agua.*)

MARIO   ¡Una última voluntad!

MARÍA
/IRENE   ¿Sexual?

MARIO   ¡Con esta presión... no creo que pudiera!
         (*Bromeando*) Aunque todo es cuestión de po-
         nerse. (*A* IRENE) ¿Pastillita azul no tendrás?

IRENE   (*Riéndose.*) Verde o roja.

MARÍA   ¿Esa es tu última volundad?

MARIO   No, mujer, era broma. Me gustaría saber qué preparación con arroz tocaba hoy

IRENE   ¡El arroz! Con la conversación se me ha olvidado apartarlo...

MARIO   Casi todo tiene arreglo en esta vida, menos un arroz pasao y una comedia patética.

Oscuro.

Esta primera edición de *arroz pasao*,
de Javier Llanos, terminó de imprimirse
en octubre de dos mil veinticuatro,
en Madrid.